SABRINA FAUDA-RÔLE

FOTOS: AKIKO IDA

Frischkäsekugeln für die Party

Bassermann

INHALT

FRISCHKÄSE + KÄSE

FRISCHKÄSE + GEMÜSE

FRISCHKÄSE + FLEISCH

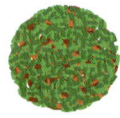

FRISCHKÄSE + FISCH

FRISCHKÄSE EXOTISCH

So wird's gemacht
SCHRITT FÜR SCHRITT

Diese leckeren Kugeln bestehen aus Frischkäse, der mit Kräutern, Gewürzen und anderen köstlichen Zutaten verfeinert, zu Bällchen geformt und anschließend in einer knackigen Mischung aus Trockenfrüchten, Nüssen oder Saaten gerollt wird. Da das Innere der Kugeln sich erst beim Anschneiden zeigt, sind sie feine, leckere Überraschungen für Ihre Gäste.

1. Alle Zutaten mit einer Gabel oder einem Schneebesen vermischen.

2. Zwei etwa 40 cm lange Streifen Frischhaltefolie auf einer Arbeitsplatte kreuzförmig übereinanderlegen. Die Käsemischung mit einem Löffel in die Mitte geben.

3. Die Folie um die Masse legen, mit einem Knoten schließen und mit den Händen zu einer Kugel formen. Im Kühlschrank fest werden lassen.

4. Zwei weitere etwa 40 cm lange Streifen Frischhaltefolie kreuzförmig übereinanderlegen. Die Hälfte der Nussmischung in die Mitte geben. Das Käsebällchen aus der Folie lösen und in die Mitte setzen. Gleichmäßig mit der restlichen Nussmischung bestreuen. Die Folie um die Masse legen, mit einem Knoten schließen und die Nüsse mit den Händen andrücken. Im Kühlschrank fest werden lassen.

5. Die Kugel vorsichtig aus der Folie lösen und auf eine Platte setzen. Bei Bedarf nochmals mit den Händen in Form bringen. Sofort servieren.

Frischkäsekugeln
WEICHKÄSE NUSS

Vorbereiten 10 Minuten
Kühlen 30 Minuten

180 g Weichkäse mit Weißschimmel

400 g Doppelrahm-frischkäse

100 g Parmesan, gerieben

1 TL getrockneter Thymian

Pfeffer

200 g Haselnusskerne

Den Weichkäse würfeln. Anschließend mit Frischkäse, Parmesan, Thymian und Pfeffer sorgfältig in einer Schüssel mit einer Gabel vermengen.

Zwei etwa 40 cm lange Streifen Frischhaltefolie kreuzförmig übereinanderlegen. Die Käsemischung in die Mitte geben. Die Masse mit der Folie umwickeln und mit den Händen zur Kugel formen. 30 Minuten im Kühlschrank fest werden lassen.

Inzwischen die Haselnüsse in einer Pfanne oder im Backofen rösten, bis sie zu duften beginnen. Dann die Nüsse grob hacken. Zwei weitere Streifen Folie kreuzförmig übereinanderlegen und die Hälfte der Nüsse in die Mitte geben. Das Käsebällchen aus der Folie lösen und in die Mitte setzen. Gleichmäßig mit den restlichen Nüssen bestreuen.

Die Partykugel erneut einwickeln und bis zum Servieren kalt stellen. Mit Thymian garnieren.

Frischkäsekugeln

ZIEGENKÄSE PEKANNUSS

Vorbereiten 10 Minuten
Kühlen 30 Minuten

200 g Doppelrahm-
frischkäse

200 g geriebener Bergkäse
(z.B. Comté)

200 g Ziegenfrischkäse

2 EL Ahornsirup

100 g Cranberrys

Pfeffer

100 g Pekannusskerne,
halbiert

Frischkäse, Bergkäse, Ziegenfrischkäse, Ahornsirup, die Hälfte der Cranberrys und Pfeffer sorgfältig in einer Schüssel mit einer Gabel vermengen.

Zwei etwa 40 cm lange Streifen Frischhaltefolie kreuzförmig übereinanderlegen. Die Käsemischung in die Mitte geben. Die Masse mit der Folie umwickeln und mit den Händen zur Kugel formen. 30 Minuten im Kühlschrank fest werden lassen.

Zwei weitere Streifen Folie kreuzförmig übereinanderlegen und die Hälfte der Nüsse sowie Cranberrys in die Mitte geben. Das Käsebällchen aus der Folie lösen und in die Mitte setzen. Gleichmäßig mit den restlichen Nüssen und Cranberrys bestreuen.

Die Kugel erneut einwickeln und dabei die Nuss-Cranberry-Mischung andrücken. Dann die Partykugel in Form bringen und bis zum Servieren kalt stellen.

Frischkäsekugeln
ZIEGENKÄSE HONIG

Vorbereiten 10 Minuten
Kühlen 30 Minuten

150 g geaschter Ziegen-
weichkäse

200 g Doppelrahm-
frischkäse

200 g Ziegenfrischkäse

50 g geriebener Bergkäse
(z.B. Comté)

1 EL Honig

Pfeffer

150 g Heidelbeeren

100 g Mandelblättchen,
geröstet

Den Ziegenweichkäse würfeln. Mit Frischkäse, Ziegenfrischkäse, Bergkäse, Honig und Pfeffer sorgfältig in einer Schüssel
mit einer Gabel vermengen.

Zwei etwa 40 cm lange Streifen Frischhaltefolie kreuzförmig
übereinanderlegen. Die Käsemischung in die Mitte geben. Die
Masse mit der Folie umwickeln und mit den Händen zur Kugel
formen. 30 Minuten im Kühlschrank fest werden lassen.

Zwei weitere Streifen Folie kreuzförmig übereinanderlegen und
jeweils die Hälfte der Heidelbeeren und Mandeln in die Mitte
geben. Das Käsebällchen aus der Folie lösen und in die Mitte
des Kreuzes setzen. Gleichmäßig mit den restlichen Heidelbeeren und Mandeln bestreuen.

Die Kugel erneut einwickeln und dabei die Mandel-Beeren-
Mischung andrücken. Dann die Partykugel in Form bringen
und bis zum Servieren kalt stellen.

Frischkäsekugeln
ZIEGENKÄSE PISTAZIE

Vorbereiten 15 Minuten
Kühlen 1 Stunde

200 g Ziegenkäserolle

1 Bund Schnittlauch

400 g Kräuterfrischkäse

50 g Parmesan, gerieben

fein abgeriebene Schale
von 1 Bio-Zitrone

Pfeffer

150 g Pistazienkerne

Die Ziegenkäserolle würfeln. Den Schnittlauch fein hacken und 2 Esslöffel für die Garnierung beiseitelegen. Käsewürfel und Schnittlauch mit Frischkäse, Parmesan, Zitronenschale und Pfeffer sorgfältig in einer Schüssel mit einer Gabel vermengen.

Zwei etwa 40 cm lange Streifen Frischhaltefolie kreuzförmig übereinanderlegen. Die Käsemischung in die Mitte geben. Die Masse mit der Folie umwickeln und mit den Händen zur Kugel formen. 1 Stunde im Kühlschrank fest werden lassen.

Die Pistazien hacken. Zwei weitere Streifen Folie kreuzförmig übereinanderlegen und die Hälfte der Pistazien in die Mitte geben. Das Käsebällchen aus der Folie lösen und in die Mitte setzen. Gleichmäßig mit den restlichen Pistazien bestreuen.

Die Kugel erneut einwickeln und dabei die Pistazien andrücken. Dann die Partykugel in Form bringen und kalt stellen. Erst kurz vor dem Servieren aus dem Kühlschrank nehmen und mit Schnittlauch garnieren.

Frischkäsekugeln
ZIEGENKÄSE FEIGENHERZ

Vorbereiten 10 Minuten
Kühlen 1 Stunde

60 g Ziegenweichkäse
(z.B. Picodon)

400 g Ziegenfrischkäse

100 g Parmesan, gerieben

1 EL getrockneter Thymian

Pfeffer

2 EL Feigenkonfitüre

100 g Walnusskerne

100 g getrocknete Feigen

Den Ziegenweichkäse würfeln. Mit Frischkäse, Parmesan, Thymian und Pfeffer sorgfältig in einer Schüssel mit einer Gabel vermengen.

Zwei etwa 40 cm lange Streifen Frischhaltefolie in einer mittelgroßen Schüssel kreuzförmig übereinanderlegen. Die Hälfte der Käsemischung in die Mitte geben. Für die Füllung eine Mulde in die Käsemischung drücken und die Konfitüre hineingeben. Den Rest der Käsemischung vorsichtig daraufgeben. Die Masse mit der Folie umwickeln und mit den Händen zur Kugel formen. 1 Stunde im Kühlschrank fest werden lassen.

Die Walnüsse hacken und die Feigen in kleine Stücke schneiden. Zwei weitere Streifen Folie kreuzförmig übereinanderlegen und jeweils die Hälfte der Walnüsse und Feigen in die Mitte geben. Das Käsebällchen aus der Folie lösen und in die Mitte setzen. Gleichmäßig mit den restlichen Walnüssen und Feigen bestreuen.

Die Kugel erneut einwickeln und dabei die Walnuss-Feigen-Mischung andrücken. Dann die Partykugel in Form bringen und bis zum Servieren kalt stellen.

Frischkäsekugeln

FRISCHKÄSE CURRY

Vorbereiten 10 Minuten
Kühlen 30 Minuten

400 g Doppelrahm-
frischkäse

200 g geriebener Bergkäse
(z.B. Comté)

1 TL Currypulver

Pfeffer

4 EL Mohnsaat

4 EL Sesamsaat

Frischkäse, Bergkäse, Currypulver und Pfeffer sorgfältig in einer Schüssel mit einer Gabel vermengen.

Zwei etwa 40 cm lange Streifen Frischhaltefolie kreuzförmig übereinanderlegen. Die Käsemischung in die Mitte geben. Die Masse mit der Folie umwickeln und mit den Händen zur Kugel formen. 30 Minuten im Kühlschrank fest werden lassen.

Zwei weitere Streifen Folie kreuzförmig übereinanderlegen und jeweils die Hälfte von Mohn- und Sesamsaat in die Mitte geben. Das Käsebällchen aus der Folie lösen und in die Mitte des Kreuzes setzen. Gleichmäßig mit den restlichen Saaten bestreuen.

Die Kugel erneut einwickeln und dabei die Saat andrücken. Anschließend die Partykugel in Form bringen und bis zum Servieren kalt stellen.

Frischkäsekugeln

BLAUSCHIMMEL CRANBERRY

Vorbereiten 10 Minuten
Kühlen 1 Stunde

250 g Blauschimmelkäse

5 g getrocknete Pilze

400 g Doppelrahm-
frischkäse

1 EL Zwiebelpulver
(Zwiebeln granuliert)

Pfeffer

4 Stängel Petersilie

1 kleines Bund Kerbel

150 g Cranberrys

Blauschimmelkäse und Pilze in Stücke schneiden. Mit Frischkäse, Zwiebelpulver und Pfeffer sorgfältig in einer Schüssel mit
einer Gabel vermengen.

Zwei etwa 40 cm lange Streifen Frischhaltefolie kreuzförmig
übereinanderlegen. Die Käsemischung in die Mitte geben. Die
Masse mit der Folie umwickeln und mit den Händen zur Kugel
formen. 1 Stunde im Kühlschrank fest werden lassen.

Die Kräuter hacken. Zwei weitere Streifen Folie kreuzförmig
übereinanderlegen und jeweils die Hälfte der Cranberrys und
der Kräuter in die Mitte geben. Das Käsebällchen aus der Folie
lösen und in die Mitte setzen. Gleichmäßig mit den restlichen
Cranberrys und Kräutern bestreuen.

Die Kugel erneut einwickeln und dabei die Kräuter-Beeren-
Mischung andrücken. Dann die Partykugel in Form bringen
und bis zum Servieren kalt stellen.

Frischkäsekugeln
ROQUEFORT NUSS

Vorbereiten 15 Minuten
Kühlen 30 Minuten

400 g Doppelrahm-
frischkäse

150 g Roquefort

100 g Emmentaler,
gerieben

50 g Parmesan, gerieben

50 g Rosinen

Pfeffer

200 g Haselnusskerne

Frischkäse, Roquefort, Emmentaler, Parmesan, Rosinen und
Pfeffer sorgfältig in einer Schüssel mit einer Gabel vermengen.

Zwei etwa 40 cm lange Streifen Frischhaltefolie kreuzförmig
übereinanderlegen. Die Käsemischung in die Mitte geben. Die
Masse mit der Folie umwickeln und mit den Händen zur Kugel
formen. 30 Minuten im Kühlschrank fest werden lassen.

Zwei weitere Streifen Folie kreuzförmig übereinanderlegen
und die Hälfte der Nüsse in die Mitte geben. Das Käsebällchen
aus der Folie lösen und in die Mitte setzen. Gleichmäßig mit den
restlichen Nüssen bestreuen.

Die Kugel erneut einwickeln und dabei die Nüsse andrücken.
Anschließend die Partykugel in Form bringen und bis zum
Servieren kalt stellen.

Frischkäsekugeln
CAMEMBERT NUSS

Vorbereiten 10 Minuten
Kühlen 30 Minuten

150 g Camembert

100 g getrocknete
Aprikosen

400 g Doppelrahm-
frischkäse

100 g Parmesan, gerieben

Pfeffer

150 g Walnusskerne

Camembert und Aprikosen würfeln. Die Camembertwürfel mit Frischkäse, Parmesan und der Hälfte der Aprikosenwürfel sorgfältig in einer Schüssel mit einer Gabel vermengen. Pfeffern.

Zwei etwa 40 cm lange Streifen Frischhaltefolie kreuzförmig übereinanderlegen. Die Käsemischung in die Mitte geben. Die Masse mit der Folie umwickeln und mit den Händen zur Kugel formen. 30 Minuten im Kühlschrank fest werden lassen.

Für die Garnierung die Walnüsse hacken. Zwei weitere Streifen Folie kreuzförmig übereinanderlegen und die Nüsse mit den restlichen Aprikosenwürfeln in die Mitte geben. Das Käsebällchen aus der Folie lösen und in die Mitte des Kreuzes setzen. Anschließend gleichmäßig mit der restlichen Nuss-Aprikosen-Mischung bestreuen.

Die Kugel erneut einwickeln und dabei die Umhüllung andrücken. Dann die Partykugel in Form bringen und bis zum Servieren kalt stellen.

Frischkäsekugeln
SCHAFSKÄSE KIRSCHE

Vorbereiten 10 Minuten
Kühlen 1 Stunde

200 g milder Hartkäse aus
Schafsmilch

400 g Doppelrahm-
frischkäse

2 Prisen Chilipulver

Pfeffer

2 EL Sauerkirschkonfitüre

200 g Mandeln

Den Schafskäse reiben. Mit Frischkäse, Chilipulver und Pfeffer sorgfältig in einer Schüssel mit einer Gabel vermengen.

Zwei etwa 40 cm lange Streifen Frischhaltefolie in einer mittel-großen Schüssel kreuzförmig übereinanderlegen. Die Hälfte der Käsemischung in die Mitte geben. Für die Füllung eine Mulde in die Käsemischung drücken und die Konfitüre hinein-geben. Den Rest der Käsemischung vorsichtig daraufgeben. Die Masse mit der Folie umwickeln und mit den Händen zur Kugel formen. 1 Stunde im Kühlschrank fest werden lassen.

Zwei weitere Streifen Folie kreuzförmig übereinanderlegen und die Hälfte der Mandeln in die Mitte geben. Das Käse-bällchen aus der Folie lösen und in die Mitte setzen. Gleichmäßig mit den restlichen Mandeln bestreuen.

Die Kugel erneut einwickeln und dabei die Mandeln andrücken. Anschließend die Partykugel in Form bringen und bis zum Servieren kalt stellen.

Frischkäsekugeln
WEICHKÄSE ERDNUSS

Vorbereiten 10 Minuten
Kühlen 1 Stunde

350 g Weichkäse mit Weißschimmel (z.B. Coulommiers)

200 g Doppelrahmfrischkäse

100 g Cheddar, gerieben

1 EL Knoblauchpulver

2 EL getrocknete Kräutermischung aus Schnittlauch, Kerbel, Petersilie, Estragon, plus etwas mehr zum Garnieren

200 g ungesalzene Erdnüsse

1 EL Paprikapulver

Den Weichkäse klein würfeln. Mit Frischkäse, Cheddar, Knoblauchpulver und Kräutermischung sorgfältig in einer Schüssel mit einer Gabel vermengen.

Zwei etwa 40 cm lange Streifen Frischhaltefolie kreuzförmig übereinanderlegen. Die Käsemischung in die Mitte geben. Die Masse mit der Folie umwickeln und mit den Händen zur Kugel formen. 1 Stunde im Kühlschrank fest werden lassen.

Inzwischen die Erdnüsse in einer trockenen Antihaft-Pfanne einige Minuten auf mittlerer Stufe rösten, bis sie leicht gebräunt sind. Zwei weitere Streifen Folie kreuzförmig übereinanderlegen und die Hälfte der Erdnüsse in die Mitte geben. Das Käsebällchen aus der Folie lösen und in die Mitte setzen. Gleichmäßig mit den restlichen Erdnüssen bestreuen und mit Paprikapulver bestäuben.

Die Kugel erneut einwickeln und dabei die Erdnüsse andrücken. Dann die Partykugel in Form bringen und kalt stellen. Erst kurz vor dem Servieren aus dem Kühlschrank nehmen und mit Kräutern garnieren.

Frischkäsekugeln
4-KÄSE

Vorbereiten 10 Minuten
Kühlen 30 Minuten

200 g Bergkäse (z.B. Tomme de Montagne)

180 g Ziegenkäserolle

200 g Mascarpone

Pfeffer

120 g Blauschimmelkäse (z.B. Saint Agur)

80 g Walnusskerne

Den Bergkäse reiben und die Ziegenkäserolle klein würfeln. Beide Käsesorten mit dem Mascarpone sorgfältig in einer Schüssel mit einer Gabel vermengen. Mit Pfeffer abschmecken.

Zwei etwa 40 cm lange Streifen Frischhaltefolie kreuzförmig übereinanderlegen. Die Käsemischung in die Mitte geben. Die Masse mit der Folie umwickeln und mit den Händen zur Kugel formen. 30 Minuten im Kühlschrank fest werden lassen.

Den Blauschimmelkäse würfeln. Zwei weitere Streifen Folie kreuzförmig übereinanderlegen und jeweils die Hälfte der Walnüsse und Käsewürfel in die Mitte geben. Das Käsebällchen aus der Folie lösen und in die Mitte setzen. Gleichmäßig mit den restlichen Walnüssen und Käsewürfeln bestreuen.

Die Kugel erneut einwickeln und dabei die Umhüllung andrücken. Dann die Partykugel in Form bringen und bis zum Servieren kalt stellen.

Frischkäsekugeln

AUBERGINE PARMESAN

Vorbereiten 15 Minuten
Kühlen 1 Stunde

400 g Doppelrahm-
frischkäse

100 g Parmesan, gerieben

150 g Auberginencreme

Pfeffer

150 g getrocknete Tomaten

1 EL getrockneter Oregano

Frischkäse, Parmesan und Auberginencreme sorgfältig in einer Schüssel mit einer Gabel vermengen. Mit Pfeffer abschmecken.

Zwei etwa 40 cm lange Streifen Frischhaltefolie kreuzförmig übereinanderlegen. Die Käsemischung in die Mitte geben. Die Masse mit der Folie umwickeln und mit den Händen zur Kugel formen. 1 Stunde im Kühlschrank fest werden lassen.

Die getrockneten Tomaten grob hacken. Zwei weitere Streifen Folie kreuzförmig übereinanderlegen und die Hälfte der Tomaten in die Mitte geben. Das Käsebällchen aus der Folie lösen und in die Mitte setzen. Gleichmäßig mit den restlichen Tomaten und dem Oregano bestreuen.

Die Kugel erneut einwickeln und dabei die Tomaten-Oregano-Mischung andrücken. Dann die Partykugel in Form bringen und bis zum Servieren kalt stellen.

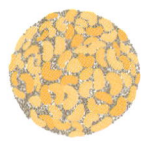

Frischkäsekugeln
AVOCADO SESAM

Vorbereiten 20 Minuten
Kühlen 30 Minuten

1 Bio-Limette

1 Avocado

400 g Doppelrahm-
frischkäse

100 g Parmesan, gerieben

100 g Emmentaler, gerieben

2 EL Tahini (Sesammus,
türkischer oder orien-
talischer Lebensmittel-
laden)

½ Bund Koriander, gehackt

Pfeffer

100 g Cashewnusskerne

2 EL Sesamsaat

Die Limettenschale mit einer Raspel fein abreiben. Den Saft einer Limettenhälfte auspressen.

Die Avocado schälen und das Fruchtfleisch würfeln. Mit Frischkäse, Parmesan, Emmentaler, Tahini, Koriander, Limettensaft- und schale sowie Pfeffer sorgfältig in einer Schüssel mit einer Gabel vermengen.

Zwei etwa 40 cm lange Streifen Frischhaltefolie kreuzförmig übereinanderlegen. Die Käsemischung in die Mitte geben. Die Masse mit der Folie umwickeln und mit den Händen zur Kugel formen. 30 Minuten im Kühlschrank fest werden lassen.

Zwei weitere Streifen Folie kreuzförmig übereinanderlegen und jeweils die Hälfte der Sesamsaat und Cashewnüsse in die Mitte geben. Das Käsebällchen aus der Folie lösen und in die Mitte setzen. Gleichmäßig mit den restlichen Saaten und Nüssen bestreuen.

Die Kugel erneut einwickeln und dabei die Sesam-Nuss-Mischung andrücken. Dann die Partykugel in Form bringen und bis zum Servieren kalt stellen.

Frischkäsekugeln

SCHAFSKÄSE TOMATE OLIVE

Vorbereiten 15 Minuten
Kühlen 30 Minuten

100 g Schafskäse
(z.B. Tomme)

400 g Schafsfrischkäse

50 g Tomatenmark

8 Basilikumblätter, gehackt

2 EL Olivenöl

Pfeffer

200 g schwarze Oliven
ohne Stein

Den Schafskäse reiben. Mit Frischkäse, Tomatenmark, Basilikum, Olivenöl und Pfeffer sorgfältig in einer Schüssel mit einer Gabel vermengen.

Zwei etwa 40 cm lange Streifen Frischhaltefolie kreuzförmig übereinanderlegen. Die Käsemischung in die Mitte geben. Die Masse mit der Folie umwickeln und mit den Händen zur Kugel formen. 30 Minuten im Kühlschrank fest werden lassen.

Die Oliven längs halbieren. Zwei weitere Streifen Folie kreuzförmig übereinanderlegen und die Hälfte der Oliven in die Mitte geben. Das Käsebällchen aus der Folie lösen und in die Mitte setzen. Gleichmäßig mit den restlichen Olivenhälften bestreuen.

Die Kugel erneut einwickeln und dabei die Oliven andrücken. Anschließend die Partykugel in Form bringen und bis zum Servieren kalt stellen.

Frischkäsekugeln
ZIEGENKÄSE ROTE BETE

Vorbereiten 10 Minuten
Kühlen 1 Stunde

100 g gegarte Rote Bete

150 g Cheddar

400 g Ziegenfrischkäse

1 TL Currypulver

Pfeffer

170 g Macadamianusskerne

½ Bund Schnittlauch,
gehackt

½ Bund Koriander, gehackt

Rote Bete und Cheddar reiben. Mit Ziegenfrischkäse, Currypulver und Pfeffer sorgfältig in einer Schüssel mit einer Gabel vermengen.

Zwei etwa 40 cm lange Streifen Frischhaltefolie kreuzförmig übereinanderlegen. Die Käsemischung in die Mitte geben. Die Masse mit der Folie umwickeln und mit den Händen zur Kugel formen. 1 Stunde im Kühlschrank fest werden lassen.

Zwei weitere Streifen Folie kreuzförmig übereinanderlegen und die Hälfte der Nüsse in die Mitte geben. Das Frischkäsebällchen aus der Folie lösen und in die Mitte setzen. Die restlichen Nüsse auf der Kugel verteilen. Mit Schnittlauch und Koriander bestreuen.

Die Kugel erneut einwickeln und dabei die Nüsse andrücken. Anschließend die Partykugel in Form bringen und bis zum Servieren kalt stellen.

Frischkäsekugeln
ZIEGENKÄSE TOMATENHERZ

Vorbereiten 10 Minuten
Kühlen 1 Stunde

120 g Ziegenweichkäse

400 g Ziegenfrischkäse

100 g Mozzarella, gerieben

Pfeffer

2 EL rotes Pesto

100 g Nuss-Saaten-Mischung

Den Weichkäse würfeln. Mit Frischkäse, Mozzarella und Pfeffer sorgfältig in einer Schüssel mit einer Gabel vermengen.

Zwei etwa 40 cm lange Streifen Frischhaltefolie in einer mittelgroßen Schüssel kreuzförmig übereinanderlegen. Die Hälfte der Käsemischung hineingeben. Für die Füllung eine Mulde in die Käsemischung drücken und das Pesto hineinfüllen. Den Rest der Käsemischung vorsichtig daraufgeben. Die Masse mit der Folie umwickeln und mit den Händen zur Kugel formen. 1 Stunde im Kühlschrank fest werden lassen.

Zwei weitere Streifen Folie kreuzförmig übereinanderlegen und die Hälfte der Nuss-Saaten-Mischung in die Mitte geben. Das Käsebällchen aus der Folie lösen und in die Mitte setzen. Gleichmäßig mit den restlichen Saaten bestreuen.

Die Kugel erneut einwickeln und dabei die Nuss-Saaten-Mischung andrücken. Dann die Partykugel in Form bringen und bis zum Servieren kalt stellen.

Frischkäsekugeln
GORGONZOLA SELLERIE

Vorbereiten 10 Minuten
Kühlen 30 Minuten

100 g Stangensellerie mit Blättern

200 g Gorgonzola

200 g Mascarpone

200 g Mozzarella, klein geschnitten

Pfeffer

200 g Cashewnusskerne

Die Selleriestangen in feine Scheiben schneiden. Die Sellerieblätter hacken und beiseitestellen. Die Selleriescheiben mit Gorgonzola, Mascarpone, Mozzarella und Pfeffer sorgfältig in einer Schüssel mit einer Gabel vermengen.

Zwei etwa 40 cm lange Streifen Frischhaltefolie kreuzförmig übereinanderlegen. Die Käsemischung in die Mitte geben. Die Masse mit der Folie umwickeln und mit den Händen zur Kugel formen. 30 Minuten im Kühlschrank fest werden lassen.

Zwei weitere Streifen Folie kreuzförmig übereinanderlegen und die Hälfte der Cashewnüsse in die Mitte geben. Die Käsekugel aus der Folie lösen und in die Mitte setzen. Gleichmäßig mit Nüssen und Sellerieblättchen bestreuen.

Die Kugel erneut einwickeln und dabei die Nüsse andrücken. Anschließend die Partykugel in Form bringen und bis zum Servieren kalt stellen.

Frischkäsekugeln
PESTO PINIENKERNE

Vorbereiten 10 Minuten
Kühlen 30 Minuten

200 g Ziegenfrischkäse

300 g Doppelrahm-
frischkäse

100 g Parmesan, gerieben

2 EL grünes Pesto

Pfeffer

100 g getrocknete Tomaten

100 g Pinienkerne

4 Basilikumblätter, gehackt

Ziegenfrischkäse, Doppelrahmfrischkäse, Parmesan, Pesto und Pfeffer sorgfältig in einer Schüssel mit einer Gabel vermengen.

Zwei etwa 40 cm lange Streifen Frischhaltefolie kreuzförmig übereinanderlegen. Die Käsemischung in die Mitte geben. Die Masse mit der Folie umwickeln und mit den Händen zur Kugel formen. 30 Minuten im Kühlschrank fest werden lassen.

Die Tomaten in Stücke schneiden. Zwei weitere Streifen Folie kreuzförmig übereinanderlegen und jeweils die Hälfte der getrockneten Tomaten und Pinienkerne in die Mitte geben. Das Käsebällchen aus der Folie lösen und in die Mitte setzen. Gleichmäßig mit Tomaten, Pinienkernen und Basilikum bestreuen.

Die Kugel erneut einwickeln und dabei die Umhüllung andrücken. Die Partykugel in Form bringen und bis zum Servieren kalt stellen.

Frischkäsekugeln
SCHINKEN SCHMELZKÄSE

Vorbereiten 10 Minuten
Kühlen 1 Stunde

80 g geräucherter roher
Schinken

400 g Schmelzkäse

200 g Doppelrahm-
frischkäse

100 g Parmesan, gerieben

1 EL Zwiebelpulver
(Zwiebeln granuliert)

Pfeffer

180 g Nussmischung

1 EL Rosinen

Den Schinken fein würfeln. Mit Schmelzkäse, Frischkäse, Parmesan, Zwiebelpulver und Pfeffer sorgfältig in einer Schüssel mit einer Gabel vermengen.

Zwei etwa 40 cm lange Streifen Frischhaltefolie kreuzförmig übereinanderlegen. Die Käsemischung in die Mitte geben. Die Masse mit der Folie umwickeln und mit den Händen zur Kugel formen. 1 Stunde im Kühlschrank fest werden lassen.

Die Nüsse grob zerkleinern. Zwei weitere Streifen Folie kreuzförmig übereinanderlegen und jeweils die Hälfte der Nüsse und Rosinen in die Mitte geben. Das Käsebällchen aus der Folie lösen und in die Mitte setzen. Gleichmäßig mit den übrigen Nüssen und Rosinen bestreuen.

Die Kugel erneut einwickeln und dabei die Umhüllung andrücken. Dann die Partykugel in Form bringen und bis zum Servieren kalt stellen.

Frischkäsekugeln
CHEDDAR BACON

Vorbereiten 10 Minuten
Kühlen 1 Stunde

1 Frühlingszwiebel

400 g Doppelrahm-
frischkäse

200 g Cheddar, gerieben

½ Bund Petersilie, gehackt

Pfeffer

80 g Bacon (Frühstücks-
speck), in Scheiben

Die Frühlingszwiebel in feine Ringe schneiden. Mit Frischkäse, Cheddar, Petersilie und Pfeffer sorgfältig in einer Schüssel mit einer Gabel vermengen.

Zwei etwa 40 cm lange Streifen Frischhaltefolie kreuzförmig übereinanderlegen. Die Käsemischung in die Mitte geben. Die Masse mit der Folie umwickeln und mit den Händen zur Kugel formen. 1 Stunde im Kühlschrank fest werden lassen.

Inzwischen den Bacon in Streifen schneiden und im Backofen oder in der Pfanne knusprig braten. Beiseitestellen.

Das Käsebällchen aus der Folie lösen und auf einen Teller setzen. Die Bacon-Chips in die Frischkäsekugel stecken.

Das Bällchen vorsichtig mit Folie abdecken und bis zum Servieren kalt stellen.

Frischkäsekugeln
BACON ERDNUSS

Zubereiten 25 Minuten
Kühlen 30 Minuten

140 g Zucker

200 g Erdnüsse

30 g Bacon (Frühstücks-speck) in Scheiben

400 g Doppelrahm-frischkäse

100 g Ricotta

100 g Emmentaler, gerieben

50 g Parmesan, gerieben

Pfeffer

110 g Zucker mit 70 ml Wasser verrühren und aufkochen. Die Erdnüsse zugeben und unter gelegentlichem Rühren köcheln lassen, bis das Wasser verdunstet ist. Bei kleiner bis mittlerer Hitze 30 g Zucker zugeben und rühren, bis die Erdnüsse karamellisiert sind. Auf einem Backblech abkühlen lassen.

Den Bacon braten und klein schneiden. Mit Frischkäse, Ricotta, Emmentaler, Parmesan und Pfeffer sorgfältig in einer Schüssel mit einer Gabel vermengen.

Zwei etwa 40 cm lange Streifen Frischhaltefolie kreuzförmig übereinanderlegen. Die Käsemischung in die Mitte geben. Die Masse mit der Folie umwickeln und mit den Händen zur Kugel formen. 30 Minuten im Kühlschrank fest werden lassen.

Zwei weitere Streifen Folie kreuzförmig übereinanderlegen und die Hälfte der karamellisierten Erdnüsse in die Mitte geben. Die Käsekugel aus der Folie lösen und in die Mitte setzen. Gleichmäßig mit den restlichen Nüssen bestreuen.

Die Kugel erneut einwickeln und dabei die Erdnüsse andrücken. Anschließend die Partykugel in Form bringen und bis zum Servieren kalt stellen.

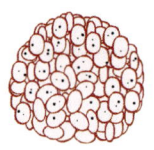

Frischkäsekugeln
RADIESCHEN SCHINKEN

Vorbereiten 10 Minuten
Kühlen 2 Stunden

500 g Doppelrahm-
frischkäse

Pfeffer

10 Schmelzkäsescheiben
(200 g)

50 g Kochschinken, sehr
dünn geschnitten

12 Radieschen

Mohnsaat

Frischkäse und Pfeffer in einer Schüssel zu einer gleichmäßigen Masse verarbeiten.

Zwei etwa 40 cm lange Streifen Frischhaltefolie in einer mittelgroßen Schüssel kreuzförmig übereinanderlegen. Boden und Wand mit 1 Esslöffel der Frischkäsemasse bestreichen. Den Boden mit 2 Scheiben Schmelzkäse belegen und mit 1 Esslöffel Frischkäse bedecken. Anschließend 1 Lage Kochschinken in die Schüssel geben und wieder 1 Löffel Frischkäse daraufschichten. Die Schichten so oft wiederholen, bis die Zutaten aufgebraucht sind. Mit einer Schicht Frischkäse abschließen.

Die Masse mit der Folie umwickeln und 2 Stunden im Kühlschrank fest werden lassen.

Inzwischen die Radieschen in feine Scheiben schneiden. Die Käsekugel aus der Schüssel und der Folie lösen und auf eine Servierplatte setzen. Gleichmäßig mit Radieschenscheiben belegen, mit Mohn bestreuen und sofort servieren.

Frischkäsekugeln
PAPRIKA CHORIZO

Vorbereiten 10 Minuten
Kühlen 30 Minuten

½ rote Paprikaschote

½ grüne Paprikaschote

400 g Doppelrahm-
frischkäse

200 g Cheddar, gerieben

1 Prise Chili

Pfeffer

100 g Chorizo

Paprikaschoten klein würfeln. Mit Frischkäse, Cheddar, Chili und Pfeffer sorgfältig in einer Schüssel mit einer Gabel vermengen.

Zwei etwa 40 cm lange Streifen Frischhaltefolie kreuzförmig übereinanderlegen. Die Käsemischung in die Mitte geben. Die Masse mit der Folie umwickeln und mit den Händen zur Kugel formen. 30 Minuten im Kühlschrank fest werden lassen.

Den Backofengrill vorheizen. Die Chorizo in feine Scheiben schneiden und auf ein mit Backpapier ausgelegtes Blech legen. Etwa 5 Minuten im Ofen grillen, bis die Chorizo-Scheiben knusprig sind. Auf einer Lage Küchenpapier abtropfen lassen und anschließend in Stücke brechen.

Die Frischkäsekugel aus der Folie lösen und auf eine Servierplatte setzen. Die Chorizo-Chips in die Frischkäsekugel stecken.

Die Kugel vorsichtig mit Folie abdecken und bis zum Servieren kalt stellen.

Frischkäsekugeln
ZIEGENKÄSE SARDINE MINZE

Vorbereiten 10 Minuten
Kühlen 1 Stunde

100 g Mandelblättchen

Blätter von 1 Zweig Minze

½ Bio-Zitrone

120 g Ölsardinen, abgetropft

400 g Ziegenfrischkäse

150 g Emmentaler, gerieben

Pfeffer

Die Mandeln in einer Pfanne ohne Fett rösten und beiseitestellen.

Die Minzeblätter hacken. Die Zitronenschale mit einer Raspel fein abreiben. Die Sardinen fein würfeln. Alles mit Ziegenfrischkäse, Emmentaler und Pfeffer sorgfältig in einer Schüssel mit einer Gabel vermengen.

Zwei etwa 40 cm lange Streifen Frischhaltefolie kreuzförmig übereinanderlegen. Die Käsemischung in die Mitte geben. Die Masse mit der Folie umwickeln und mit den Händen zur Kugel formen. 1 Stunde im Kühlschrank fest werden lassen.

Zwei weitere Streifen Folie kreuzförmig übereinanderlegen und die Hälfte der Mandeln in die Mitte geben. Die Käsekugel aus der Folie lösen und in die Mitte setzen. Gleichmäßig mit den restlichen Mandeln bestreuen.

Die Kugel erneut einwickeln und dabei die Mandelblättchen andrücken. Dann die Partykugel in Form bringen und bis zum Servieren kalt stellen.

Frischkäsekugeln
MAKRELE HASELNUSS

Vorbereiten 15 Minuten
Kühlen 30 Minuten

75 g Gouda

75 g würziger Hartkäse
(z.B. mittelalter oder alter
Gouda, Emmentaler oder
Mimolette)

1 TL rosa Pfefferkörner

400 g Doppelrahm-
frischkäse

80 g geräucherte Makrele

50 g Emmentaler, gerieben

Pfeffer

150 g Haselnusskerne

Gouda und Hartkäse fein würfeln. Die Pfefferkörner im Mörser zerstoßen. Alles mit Frischkäse, Makrele, Emmentaler und Pfeffer sorgfältig in einer Schüssel mit einer Gabel vermengen.

Zwei etwa 40 cm lange Streifen Frischhaltefolie kreuzförmig übereinanderlegen. Die Käsemischung in die Mitte geben. Die Masse mit der Folie umwickeln und mit den Händen zur Kugel formen. 30 Minuten im Kühlschrank fest werden lassen.

Die Haselnüsse in der Pfanne oder im Backofen ein paar Minuten rösten, dann grob hacken. Zwei weitere Streifen Folie kreuzförmig übereinanderlegen und die Hälfte der Haselnüsse in die Mitte geben. Das Käsebällchen aus der Folie lösen und in die Mitte setzen. Gleichmäßig mit den restlichen Nüssen bestreuen.

Die Kugel erneut einwickeln und dabei die Nüsse andrücken. Dann die Partykugel in Form bringen und bis zum Servieren kalt stellen.

Frischkäsekugeln

FORELLE JOHANNISBEERE

Vorbereiten 15 Minuten
Kühlen 30 Minuten

1 Bio-Orange

100 g geräuchertes
Forellenfilet

250 g Doppelrahm-
frischkäse

200 g körniger Frischkäse
(Hüttenkäse)

150 g Emmentaler,
gerieben

4 Stängel Dill, gehackt

Pfeffer

1 Schale rote Johannis-
beeren

Die Orangenschale mit einer Raspel fein abreiben, etwas Abrieb beiseitelegen. Das Forellenfilet zerzupfen. Beides mit den beiden Frischkäsesorten, Emmentaler, der Hälfte des Dills und Pfeffer sorgfältig in einer Schüssel mit einer Gabel vermengen.

Zwei etwa 40 cm lange Streifen Frischhaltefolie kreuzförmig übereinanderlegen. Die Käsemischung in die Mitte geben. Die Masse mit der Folie umwickeln und mit den Händen zur Kugel formen. 30 Minuten im Kühlschrank fest werden lassen.

Zwei weitere Streifen Folie kreuzförmig übereinanderlegen. Das Frischkäsebällchen aus der Folie lösen und in die Mitte der Folie setzen. Gleichmäßig und vorsichtig mit den Beeren umhüllen.

Die Kugel erneut einwickeln und dabei in Form bringen. Bis zum Servieren kalt stellen. Die Partykugel mit Orangenabrieb und restlichem Dill bestreuen.

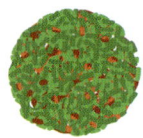

Frischkäsekugeln
THUNFISCH SCHNITTLAUCH

Vorbereiten 10 Minuten
Kühlen 1 Stunde

400 g Doppelrahm-
frischkäse

100 g Emmentaler,
gerieben

150 g Thunfisch aus der
Dose im eigenen Saft

2 EL Zwiebelpulver
(Zwiebeln granuliert)

Pfeffer

1 Bund Schnittlauch,
gehackt

½ Bund Kerbel, gehackt

1 TL Paprikapulver

Frischkäse, Emmentaler, Thunfisch, Zwiebelpulver und Pfeffer sorgfältig in einer Schüssel mit einer Gabel vermengen.

Zwei etwa 40 cm lange Streifen Frischhaltefolie kreuzförmig übereinanderlegen. Die Käsemischung in die Mitte geben. Die Masse mit der Folie umwickeln und mit den Händen zur Kugel formen. 1 Stunde im Kühlschrank fest werden lassen.

Zwei weitere Streifen Folie kreuzförmig übereinanderlegen und die Hälfte des Schnittlauchs und Kerbels in die Mitte geben. Das Käsebällchen aus der Folie lösen und in die Mitte setzen. Mit Paprikapulver bestäuben und gleichmäßig mit den restlichen Kräutern bestreuen.

Die Kugel erneut einwickeln, in Form bringen und bis zum Servieren kalt stellen.

Frischkäsekugeln
THUNFISCH PINIENKERNE

Vorbereiten 10 Minuten
Kühlen 1 Stunde

150 g Doppelrahm-
frischkäse

400 g Mascarpone

100 g Parmesan, gerieben

100 g Thunfisch aus der
Dose im eigenen Saft

Pfeffer

2 EL schwarze Tapenade
(Olivenpaste)

150 g Pinienkerne

Frischkäse, Mascarpone, Parmesan, Thunfisch und Pfeffer
sorgfältig in einer Schüssel mit einer Gabel vermengen. Die
Tapenade löffelweise einrühren, sodass eine Marmorierung
entsteht.

Zwei etwa 40 cm lange Streifen Frischhaltefolie kreuzförmig
übereinanderlegen. Die Käsemischung in die Mitte geben. Die
Masse mit der Folie umwickeln und mit den Händen zur Kugel
formen. 1 Stunde im Kühlschrank fest werden lassen.

Zwei weitere Streifen Folie kreuzförmig übereinanderlegen und
die Hälfte der Pinienkerne in die Mitte geben. Das Käsebällchen
aus der Folie lösen und in die Mitte setzen. Gleichmäßig mit den
restlichen Pinienkernen bestreuen.

Die Kugel erneut einwickeln und dabei die Pinienkerne
andrücken. Dann die Partykugel in Form bringen und bis
zum Servieren kalt stellen.

Frischkäsekugeln
RICOTTA SARDELLE

Vorbereiten 15 Minuten
Kühlen 2 Stunden

200 g Ricotta

100 g Parmesan

300 g Doppelrahm-
frischkäse

50 g Sardellenpaste

Pfeffer

2 Karotten

1 Fenchelknolle

Ricotta, Parmesan, Frischkäse, Sardellenpaste und Pfeffer in einer Schüssel vermengen.

Zwei Streifen Frischhaltefolie kreuzförmig übereinanderlegen. Die Käsemischung in die Mitte geben. Die Masse mit der Folie umwickeln und mit den Händen zur Kugel formen. 2 Stunden im Kühlschrank fest werden lassen.

Das Gemüse in sehr feine Scheiben schneiden. Das Käse-bällchen aus der Folie lösen und auf eine Servierplatte setzen. Die Gemüsescheiben in das Frischkäsebällchen stecken und sofort servieren.

Frischkäsekugeln
WASABI SESAM

Vorbereiten 10 Minuten
Kühlen 30 Minuten

400 g Doppelrahm-
frischkäse

150 g Cheddar, gerieben

150 g Mozzarella, in
kleinen Stücken

1 EL Wasabi

4 EL Sesamsaat

Pfeffer

150 g Wasabi-Erbsen (gut
sortierter Supermarkt oder
Asiamarkt)

Frischkäse, Cheddar, Mozzarella, Wasabi, Sesamsaat und
Pfeffer sorgfältig in einer Schüssel mit einer Gabel vermengen.

Zwei etwa 40 cm lange Streifen Frischhaltefolie kreuzförmig
übereinanderlegen. Die Käsemischung in die Mitte geben. Die
Masse mit der Folie umwickeln und mit den Händen zur Kugel
formen. 30 Minuten im Kühlschrank fest werden lassen.

Zwei weitere Streifen Folie kreuzförmig übereinanderlegen
und die Hälfte der Wasabi-Erbsen in die Mitte geben. Das
Käsebällchen aus der Folie lösen und in die Mitte setzen.
Gleichmäßig mit den restlichen Wasabi-Erbsen bestreuen.

Die Kugel erneut einwickeln und dabei die Erbsen andrücken.
Anschließend die Partykugel in Form bringen und bis zum
Servieren kalt stellen.

Frischkäsekugeln
LACHS CRACKER

Vorbereiten 10 Minuten
Kühlen 30 Minuten

150 g Räucherlachs

400 g Doppelrahm-
frischkäse

150 g Mozzarella, in
kleinen Stücken

80 g Parmesan, gerieben

½ Bund Dill, gehackt

Pfeffer

100 g japanische Knabber-
mischung

Den Räucherlachs in feine Streifen schneiden. Mit Frischkäse, Mozzarella, Parmesan, Dill und Pfeffer sorgfältig in einer Schüssel mit einer Gabel vermengen.

Zwei etwa 40 cm lange Streifen Frischhaltefolie kreuzförmig übereinanderlegen. Die Käsemischung in die Mitte geben. Die Masse mit der Folie umwickeln und mit den Händen zur Kugel formen. 30 Minuten im Kühlschrank fest werden lassen.

Zwei weitere Streifen Folie kreuzförmig übereinanderlegen und die Hälfte der Knabbermischung in die Mitte geben. Die Käsekugel aus der Folie lösen und in die Mitte setzen. Gleichmäßig mit den restlichen Crackern bestreuen.

Die Kugel erneut einwickeln und dabei die Cracker andrücken. Anschließend die Partykugel in Form bringen und bis zum Servieren kalt stellen.

Frischkäsekugeln
FETA KOKOS

Vorbereiten 10 Minuten
Kühlen 30 Minuten

½ Salzzitrone (Internet-
handel oder türkischer/
orientalischer Lebens-
mittelladen)

200 g Feta

300 g Doppelrahm-
frischkäse

150 g Gouda mit Kreuz-
kümmel, gerieben

Pfeffer

150 g gemischte tropische
Trockenfrüchte

1 EL Kokosraspel

Salzzitrone und Feta in kleine Stücke schneiden. Mit Frischkäse,
Gouda und Pfeffer sorgfältig in einer Schüssel mit einer Gabel
vermengen.

Zwei etwa 40 cm lange Streifen Frischhaltefolie kreuzförmig
übereinanderlegen. Die Käsemischung in die Mitte geben. Die
Masse mit der Folie umwickeln und mit den Händen zur Kugel
formen. 30 Minuten im Kühlschrank fest werden lassen.

Die Trockenfrüchte hacken. Zwei weitere Streifen Folie kreuzförmig übereinanderlegen und die Hälfte der Trockenfrüchte
in die Mitte geben. Das Käsebällchen aus der Folie lösen und
in die Mitte setzen. Gleichmäßig mit den restlichen Trockenfrüchten und den Kokosraspeln bestreuen.

Die Kugel erneut einwickeln und dabei die Trockenfrüchte
andrücken. Dann die Partykugel in Form bringen und bis zum
Servieren kalt stellen.

DANKSAGUNG

Danke an all meine Versuchskaninchen für die zahlreichen organisierten Treffen und das Testen meiner Frischkäsekugeln!

Danke an meine Assistentin Delphine Lebrun.

ISBN 978-3-8094-3944-8

1. Auflage

© 2018 by Bassermann Verlag, einem Unternehmen der Verlagsgruppe Random House GmbH, Neumarkter Straße 28, 81673 München
© der Originalausgabe Hachette Livre (Marabout), 2016
Originaltitel: MYSTÈRE APÉRO, LA BOULE GÉANTE AU FROMAGE

Umschlaggestaltung: Atelier Versen, Bad Aibling
Layout: Frédéric Voisin
Illustrationen: Laura Caldentey
Herstellung: Elke Cramer
Projektleitung: Anja Halveland

Realisierung der deutschen Ausgabe: trans texas publishing services GmbH, Köln
Übersetzung: Lena Rütter, Köln

Satz: trans texas publishing Services GmbH, Köln
Druck & Verarbeitung: Těšínská tiskárna, Český Těšín

Printed in the Czech Republic

Verlagsgruppe Random House FSC® N001967

Die neue Dimension des Nudelauflaufs

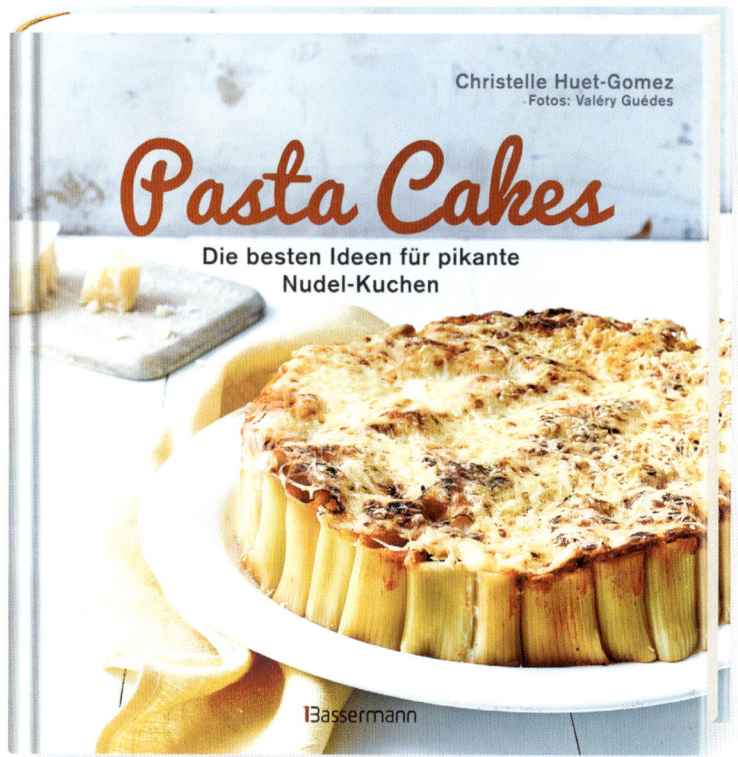

80 Seiten, durchgehend farbig bebildert
ISBN 978-3-8094-3958-5

Nudeln in Kuchenform – pikant, lecker und einfach gemacht. Diese neue Art des Nudelauflaufs ist für alle Pastafans eine Entdeckung: neue tolle Zutatenkombinationen, neue Präsentation, neue Aromen. Der Partyhit mit Begeisterungsgarantie!

Besuchen Sie uns auch auf

www.bassermann-verlag.de